W0309127

KÜRBISKÖPFE

VOM LUSTIGEN GESICHT ZUM LECKEREN GERICHT

KÜRBISKÖPFE

VOM LUSTIGEN GESICHT ZUM LECKEREN GERICHT

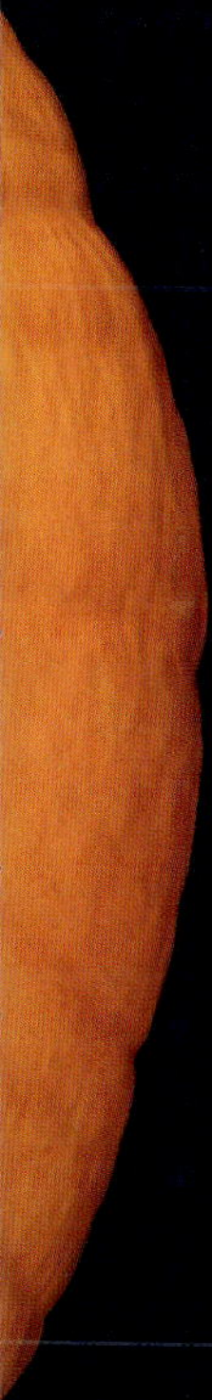

Joost Elffers und Saxton Freymann

Text von Johannes van Dam

Ein Joost Elffers Buch

nicolai

Vegetable Designs © 1999 Joost Elffers und Saxton Freymann
Die charakteristischen Darstellungen der Gemüse sind ausschließlich Eigentum der Urheber. Sie können zum persönlichen Gebrauch reproduziert werden, dürfen jedoch ohne vorherige ausdrückliche Zustimmung der Urheber nicht für gewerbliche Zwecke genutzt werden.

Titel der Originalausgabe: Play with your Pumpkins
Text copyright © 1999 Johannes van Dam
Fotografie John Fortunato, New York

Gestaltung Erik Thé, Amsterdam

3. Auflage 2001
© 1999 der deutschsprachigen Ausgabe: Nicolaische Verlagsbuchhandlung GmbH, Berlin
Alle deutschsprachigen Rechte vorbehalten
Die Verwertung der Texte und Bilder, auch auszugsweise, ist ohne Zustimmung des Verlags urheberrechtswidrig und strafbar. Dies gilt auch für Vervielfältigungen, Übersetzungen, Mikroverfilmung und für die Verarbeitung mit elektronischen Systemen.

Satz: Litho Köcher, Köln
Druck: Druckerei Uhl, Radolfzell
Eine Joost Elffers/Andreas Landshoff Produktion
ISBN 3-87584-808-X

Inhalt

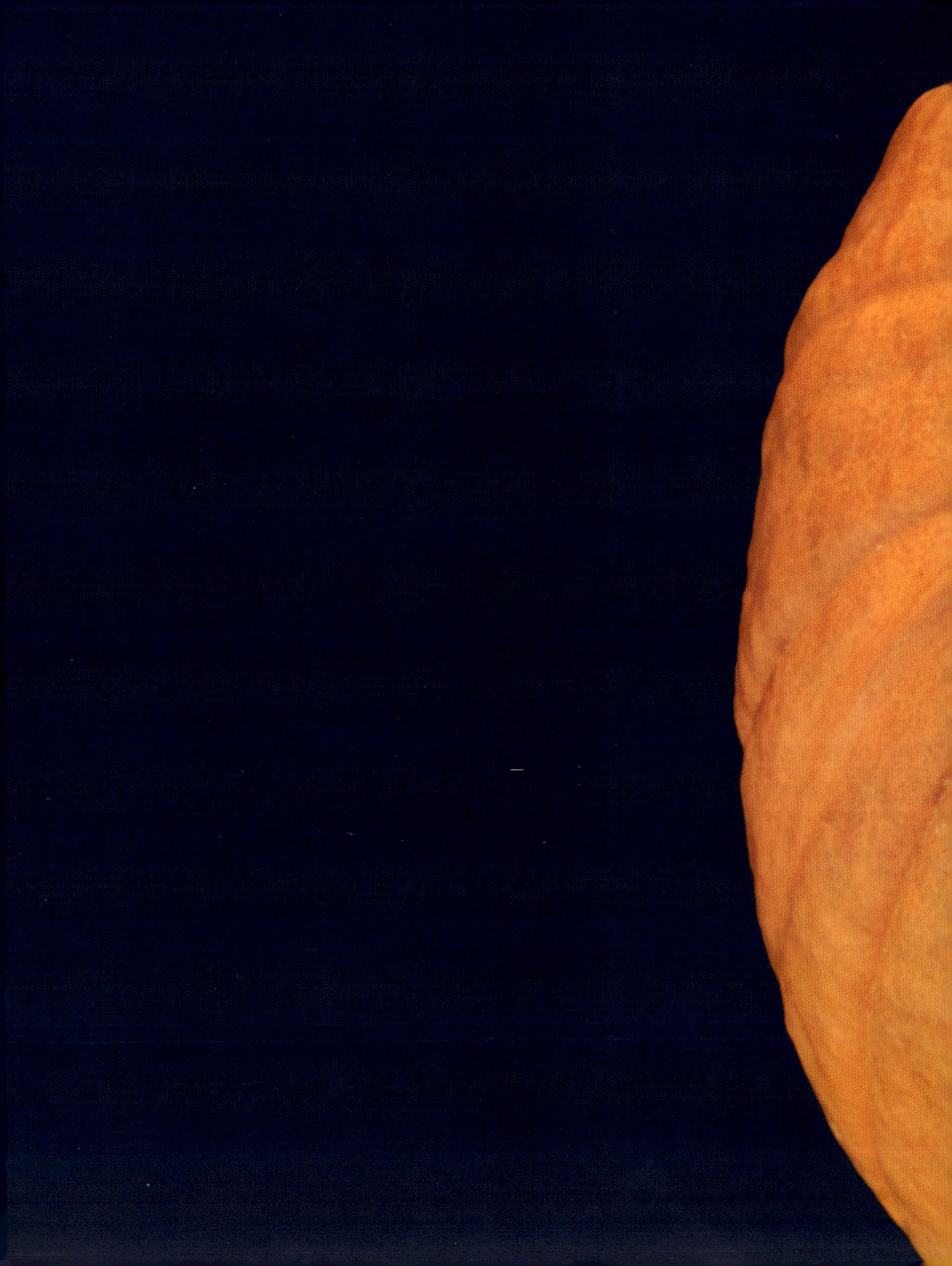

Die Nase vorn

DER Kürbis ist mehr als eine übergroße Gemüsepflanze oder ein Rübengeist. Tatsächlich hat er eine lange Geschichte, und man betrachtete ihn einst sogar als Symbol für die Weltkugel, als eine Behausung für alles, was je erschaffen wurde. Frühe Zivilisationen sahen Symbolik und übersinnliche Bedeutung in vielen natürlichen Gegenständen - in Steinen und Bäumen, in Samenkörnern und, ja, im Kürbis. Heute ist viel von der Ehrfurcht und dem Zauber vergessen - nur die Kinder in ihrer Unschuld und ungebremsten Phantasie sehen selbst in den alltäglichsten Gegenständen alle möglichen Andeutungen und Bedeutungen (wie Geister und Kobolde). Dieses Buch soll dazu beitragen, die Welt der Wunder am Leben zu erhalten.

Die beiden Künstler Joost Elffers und Saxton Freymann sind ein Team und haben ihre neue Entdeckung von der Idee bis zur künstlerischen Gestaltung auf so überzeugende Art miteinander verflochten, wie man es auf den folgenden Seiten bewundern kann.

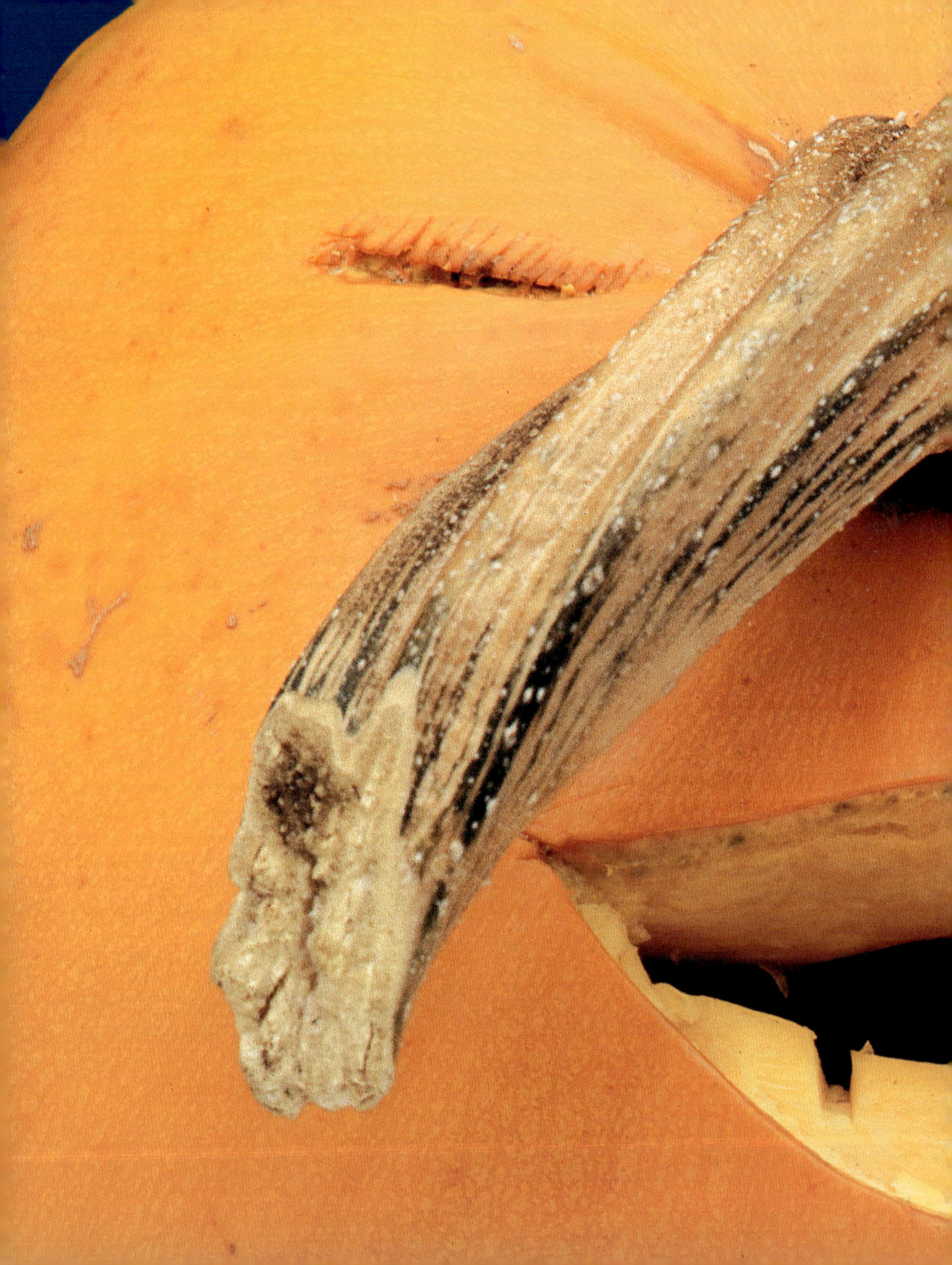

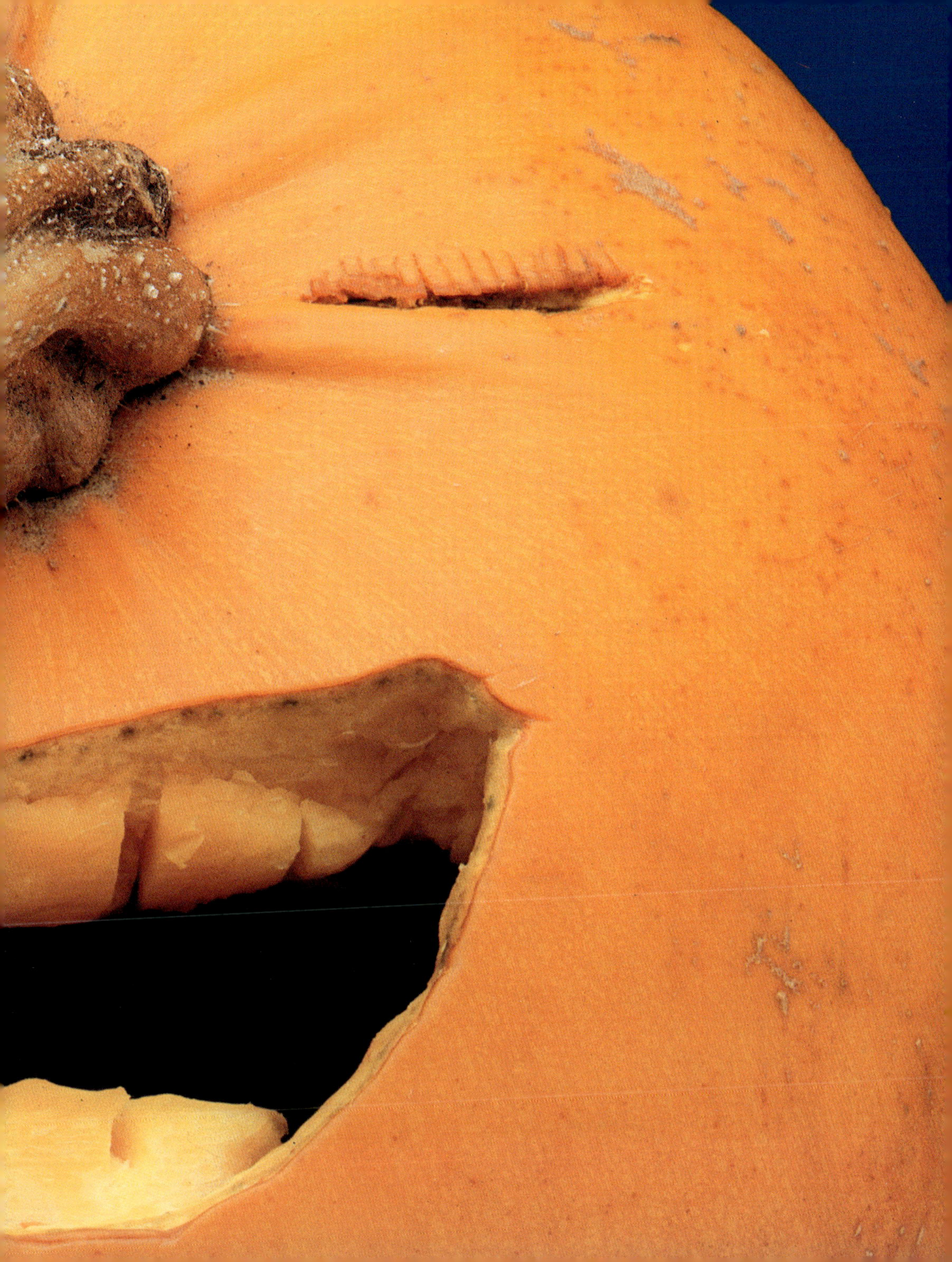

Joost Elffers ist Europäer und deshalb nicht belastet mit traditionellen Vorstellungen von einem Kürbis als Halloween-Rübengeist mit ausgehöhlten Gesichtszügen. Der New Yorker Künstler Freymann verlieh den Visionen Elffers' faszinierende menschliche und tierische Gestalt und schnitzte Kürbisköpfe in einer erstaunlichen Vielfalt an Gesichtsausdrücken und Emotionen.

„Ein Kürbisstiel gleicht unverkennbar einer Nase", sagt Elffers, „und bietet damit einen natürlichen Ansatzpunkt für die Gestaltung eines Gesichts." Die „Lebenslinien", die an der Nase zusammenlaufen, bestimmen den Ausdruck des Kürbisgesichts. Wenn Sie dann noch nach Freymanns pfiffiger und unkomplizierter Art Mund und Augen herausschneiden, erleben Sie die magische Verwandlung von einem Gemüse in ein ausdrucksstarkes Abbild lebendiger Emotionen.

Traditionsgemäß wird beim Halloween-Rübengeist das Gesicht in die Seite des Kürbisses geschnitzt. Ganz klar, wenn der Kürbis als Laterne dienen soll, dann muß der Stiel oben sein, damit das Unterteil eine stabile Basis bildet. Daher brauchte es schon den Blickwinkel eines Neulings, um zu erkennen, daß die Schnitzerei nach amerikanischer Art die natürliche „Nase" am Kürbis ignoriert. Und das ist ganz einfach eine ungenutzte Chance! Nicht, daß Elffers die überlieferte Tradition ersetzen wollte - vielmehr möchte er etwas Neues hinzufügen. Er glaubt daran, daß seine und Freymanns kreative Methode, einen

Nasenkürbis zu schnitzen, eines Tages fester Bestandteil der Halloween-Tradition sein wird.

Die Kürbisabbildungen sollen aber nicht nur inspirieren, sondern sind auch dazu gedacht, alle, die in diesem Buch blättern, zum Lachen zu bringen. Wir hoffen, daß sie dazu anregen, Kürbisse auf eine völlig neue und andere Art zu betrachten - eben auf jene Weise, wie Künstler und Erfinder (und manchmal auch Neulinge!) viele alltägliche Dinge in ihrer Umgebung sehen.

„Warum", so haben sich die beiden vielleicht gefragt, „soll man das Gesicht immer seitlich in einen Kürbis schnitzen, wenn es doch eine so natürliche Nase gibt, die geradezu darum bettelt, die Mitte eines unglaublich ausdrucksvollen Gesichts zu sein?" Kreative Menschen nutzen solche Gelegenheiten, um die alltäglichen Dinge ihres Lebens mit mehr Inhalt - in diesem Falle mit einer neuen Wahrnehmung - zu bereichern.

Auf den folgenden Seiten werden Sie erleben, was so ein veränderter Blick auslösen kann. Und diese neue Erfahrung könnte sehr wohl bewirken, daß Sie nicht nur Kürbisse, sondern plötzlich Ihre gewohnte Umgebung wieder durch die magischen Augen eines Kindes betrachten.

Außer den kreativen Anregungen bietet Ihnen unser Buch KÜRBISKÖPFE eine Fülle süßer und leckerer Kürbisrezepte aus aller Welt - nicht zu vergessen die unterhaltsame Kulturgeschichte dieses höchst bemerkenswerten Gemüses.

Der Kürbis: eine runde Geschichte

Auch der Kürbis ist, wie die meisten von uns, Mitglied einer weitverzweigten Familie; einige von ihnen ähneln einander nicht im Geringsten. Bekannt ist diese Familie unter dem botanischen Namen *Cucurbitaceae,* eine, wie Botaniker sagen, kleine Familie mit „nur" 850 Spezies. Ihre Verwandten werden generell als kletternde, rankende oder krautige Pflanzen eingestuft, die sehr schnell wachsen. Die Früchte dieser Pflanzen sind alle ziemlich groß, mit fleischiger Substanz, und einige von ihnen sind köstlich im Geschmack. Während es manch einer bereits wissen wird, sind andere vielleicht überrascht zu erfahren, daß die Salatgurke ein wichtiges Mitglied dieser Familie ist. Die Essiggurke und die Melone sind ebenso enge Verwandte, genauso wie die Zucchini, auch *Courgette* genannt, die Wassermelone oder das mexikanische Kürbisgewächs *Chayote.* Dann sind da noch der eher exotische *Sinkwa,* die Balsambirne, der *Kiwano* und ein paar geheimnisvolle Früchte mehr. Und natürlich der *Squash* und der *Pumpkin,* die so eng mit dem Kürbis verwandt sind, daß es für viele keinen Unterschied macht.

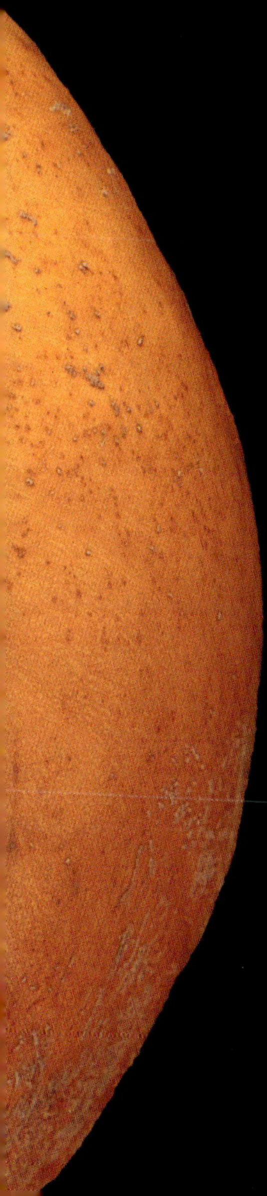

Frühe Eroberer, die es nicht besser wußten, verwechselten diese engen Verwandten häufig mit Melonen. Weltberühmt geworden durch die Entdeckung Amerikas, benannten die europäischen Abenteurer alle neuen Nahrungsmittel, die sie dort fanden, nach denen, die sie schon kannten. Peperoni hießen wie der asiatische *Pepper*, jene andere scharfe Pflanze. Kartoffeln - für die Europäer einfach eine weitere Knolle, die in der Erde wächst - wurden nach den Trüffeln benannt und gelbe Tomaten wie der goldene Apfel *Pomodoro* bezeichnet. Melonen wiederum wuchsen in Amerika genausowenig wie *Pumpkins* und *Squashes* in Europa. Manchmal wurden sie auch *Pompions* genannt, nach dem französischen *Pompon,* ein Wort unbekannten Ursprungs, das allein durch seinen Klang Rundlichkeit auszudrücken schien. Wieder andere meinen, der Name sei vom lateinischen *Pepo* abgeleitet, was Melone bedeutet und von der griechischen Vokabel für kochen herrührt, denn es handelt sich um die Gattung von Melonen, die man vor dem Essen kochen muß.

Wird bei der Geschichte der Spezies Kürbis der amerikanische Ursprung des *Pumpkin* betont, hat das schon vielen Feinschmeckern Kopfzerbrechen bereitet. Gab es nicht bei dem Römer Apicius, der als Verfasser des ersten Kochbuchs gilt, schon Kürbisrezepte? Haben nicht Plinius, Martialis und andere Klassiker der Antike bereits dieses Gemüse erwähnt? Und aus den berühmten Tischgesprächen des Athenaeus läßt sich sogar Folgendes zitieren: „Ein Kürbis ist roh ungenießbar, aber wohlschmeckend, wenn er gekocht oder gebacken ist." Berichtet wird von einer hitzigen Diskussion, an der auch Plato teilnahm, über die Pflanzengattung, der der Kürbis wohl angehöre. Bei genauem Lesen aber wird deutlich, daß all diese antiken Bezüge in Wirklichkeit unterschiedliche Varietäten jener Pflanze betreffen, die wir heute als *Gourd* (Flaschenkürbis) bezeichnen würden.

Der Flaschenkürbis ist eine Pflanze aus dem östlichen Mittelmeerraum; die Römer meinen, er käme ursprünglich aus Indien. Daher ist es kein Wunder, daß die spanischen, portugiesischen, französischen und englischen Weltreisenden die amerikanischen *Pumpkins* mit der Melone verglichen.

Heute macht dem *Pumpkin* niemand mehr sein amerikanisches Erbe streitig, und sogar der *Gourd* scheint die amerikanische Staatsbürgerschaft erworben zu haben.

Ein Kürbis rollt durch die Welt

SCHAUEN Sie sich Ihren Kürbis an, und es wird Ihnen klar, was für ein gutes Geschäft Sie gemacht haben: Er ist groß, er ist rund, und er bedeutet „Essen" - und meistens viel davon. Er ist das ganze Universum in einer vollendeten Verpackung. Was sonst könnte er auch darstellen als die Welt! Und genau das bedeutete er auf dem alten Kontinent.

Weil der *Pumpkin* aber ein Produkt der Neuen Welt ist, nämlich Amerikas, werden Sie in der Alten Welt keinerlei Hinweis auf ihn finden, denn jenseits des Ozeans kannte man nur den *Gourd* - den Flaschenkürbis.

In der Neuen Welt galt der Kürbis als eines der wichtigsten Nahrungsmittel, zusammen mit Mais und Bohnen, die es auch nur in Amerika gab. Doch der Kürbis war möglicherweise das erste angebaute Gemüse überhaupt. Als größte Frucht der Schöpfung und voll mit Samenkörnern wurde er zum Symbol des Überflusses.

Im kolonialen Amerika war Nahrung ein kostbares Gut und nichts, womit man leichtfertig umging. Was die Bedeutung der Lebensmittel betraf, so nahm der Kürbis einen hohen Stellenwert ein. Allerdings veränderte sich diese Einstellung mit dem Auftauchen neuer Religionen in Amerika und mit Riten wie dem *Old Irish Oidhche Shamna* oder dem *Vigil of Saman.* Am 31. Oktober jeden Jahres scharte Saman, der Herr des Todes, seine Mächte der Finsternis um sich, und die Bürger entzündeten ein Feuer, um sie zurückzudrängen. So wurde der *Jack-o´-lantern* geboren, ein ausgehöhlter Kürbis, meist ein grinsendes Gesicht darstellend, mit einer brennenden Kerze im hohlen Innenraum. Inzwischen ist er zu einer festen amerikanischen Tradition geworden, und bis heute sieht man die Rübengeister jährlich zu Halloween in Fenstern und auf Haustürstufen stehen.

Einen puritanischen Neuengländer nennt man einen Kürbiskopf, weil er an alten Bräuchen festhält, und vielleicht bezeichnet man deshalb auch einen Dickkopf oder einen Dummkopf als Kürbiskopf mit nichts als Pulpe zwischen den Ohren. In China, wo der Kürbis so alt ist wie die Welt, hat er eine ähnliche Nebenbedeutung. *Li T'ieh-kuai,* ein Zwillingskürbis, wie ein Stundenglas geformt, ist das zweite von acht chinesischen Sinnbildern, welche die Unsterblichkeit darstellen. Es symbolisiert die Verbindung zwischen zwei Gegensätzen wie der Ober- und Unterwelt, wie Tag und Nacht oder Freud und Leid. Als mythologische Figur war *Li T'ieh-kuai* in der Lage, seinen Körper zu verlassen und der Oberwelt oder dem Himmel einen Besuch abzustatten. Das gleiche Symbol existiert nicht nur in Asien, sondern auch in einer alchimistischen Darstellungsweise der westlichen Welt: zwei Kürbisse in Form zweier Vasen oder Amphoren. In beiden Darstellungen wird die Verbindung der Behältnisse durch eine Rauchsäule symbolisiert.

Tarot-Freunde können dieses Prinzip im Arkanum Nr. 14 wiederfinden, in dem ein Engel eine weiße Masse von einem roten

in ein blaues Gefäß schüttet - oder umgekehrt. In Europa wird der Kürbis meist mit Cinderella in Verbindung gebracht, dem Mädchen, das auf einen Ball fuhr. Sie begegnete ihrem Märchenprinzen in einem Kürbis, der in eine Kutsche verwandelt worden war. Um Mitternacht wurde der Zauber gebrochen, und die Kutsche nahm wieder die Gestalt eines großen Kürbisses an. Heute sprechen wir von „Kürbiszeit“, wenn eine Glückssträhne oder ein Traum zu Ende ist und wir wieder mit der rauhen Wirklichkeit des Lebens konfrontiert werden.

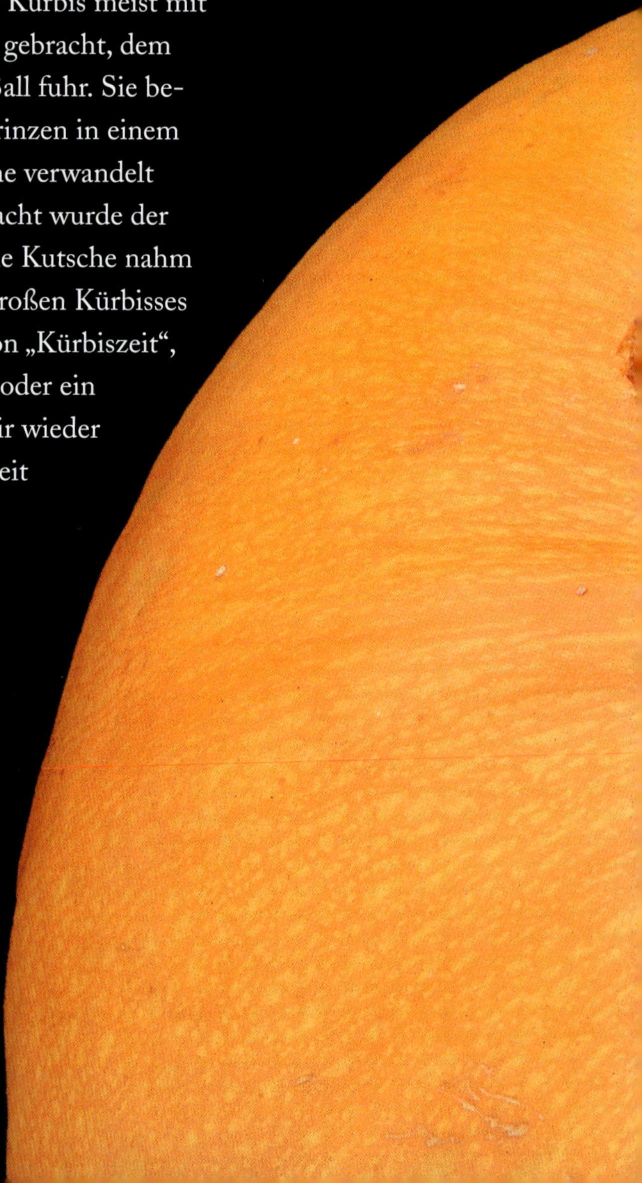

Vorsicht: Ein Kürbis wächst und wächst...

Der Kürbis ist eine Rankenpflanze mit sehr schweren Früchten. Im Treibhaus werden die Früchte, um die es ja eigentlich geht, von den Ranken überwuchert, und sie wachsen nicht zu den erhofften Kolossen heran, es sei denn, Sie verpflanzen sie ins Freie. Doch am besten zieht man Kürbispflanzen anfangs unter Glas auf. Beginnen Sie damit, Ende April einige Samenkerne in ein Behältnis Ihrer Wahl zu geben, das mit gutem Saatboden gefüllt ist, und plazieren Sie alles unter einen gläsernen Tortendeckel oder eine große, umgestülpte Glasschüssel. Bei einer Temperatur von etwa 21 Grad C werden die Samenkerne ziemlich schnell keimen.

Nach einer Woche können Sie die ersten Triebe Ihrer Kürbispflanzen sehen. Jetzt verpflanzen Sie die kleinen Sämlinge in separate, mittelgroße Töpfe. Dort bleiben sie, bis sie etwa 13-15 Zentimeter hoch gewachsen sind. Auf diese Weise können Sie Mitte Mai eine ganz ordentliche, widerstandsfähige Kürbispflanze ins Freie setzen. Ein Kürbis braucht viel Platz, und die Ranken werden leicht fünf Meter lang oder sogar noch länger. Wenn Sie also nicht gerade vorhaben, eine Kürbisplantage anzubauen, dann

sind eine oder zwei Pflanzen völlig ausreichend.

Suchen Sie sich einen Platz in einem Winkel, vorzugsweise in der Nähe eines Komposthaufens. Kürbisranken helfen, Unkraut zu vernichten, indem sie es ersticken. Wenn es keinen Komposthaufen gibt, achten Sie darauf, daß an dem von Ihnen gewählten Standort ausreichend Nährstoffe im Boden sind. Graben Sie ein Loch, und füllen Sie es mit Komposterde. Bedecken Sie dann den Kompost mit einer Schicht Anzuchterde, und setzen Sie Ihre Pflanze ein. Die Wurzeln werden den vergrabenen Schatz finden, und die Pflanzen wachsen heran.

Normalerweise braucht man die Ranken nicht zurückzuschneiden, aber falls eine Pflanze durch zu starke Ranken beeinträchtigt wird, schneiden Sie einfach ab, was zuviel ist. Robuste Winterkürbisse halten sich lange. Ganz gleich welche Sorte Sie wählen - bei der Ernte im Herbst werden Sie angenehm überrascht sein.

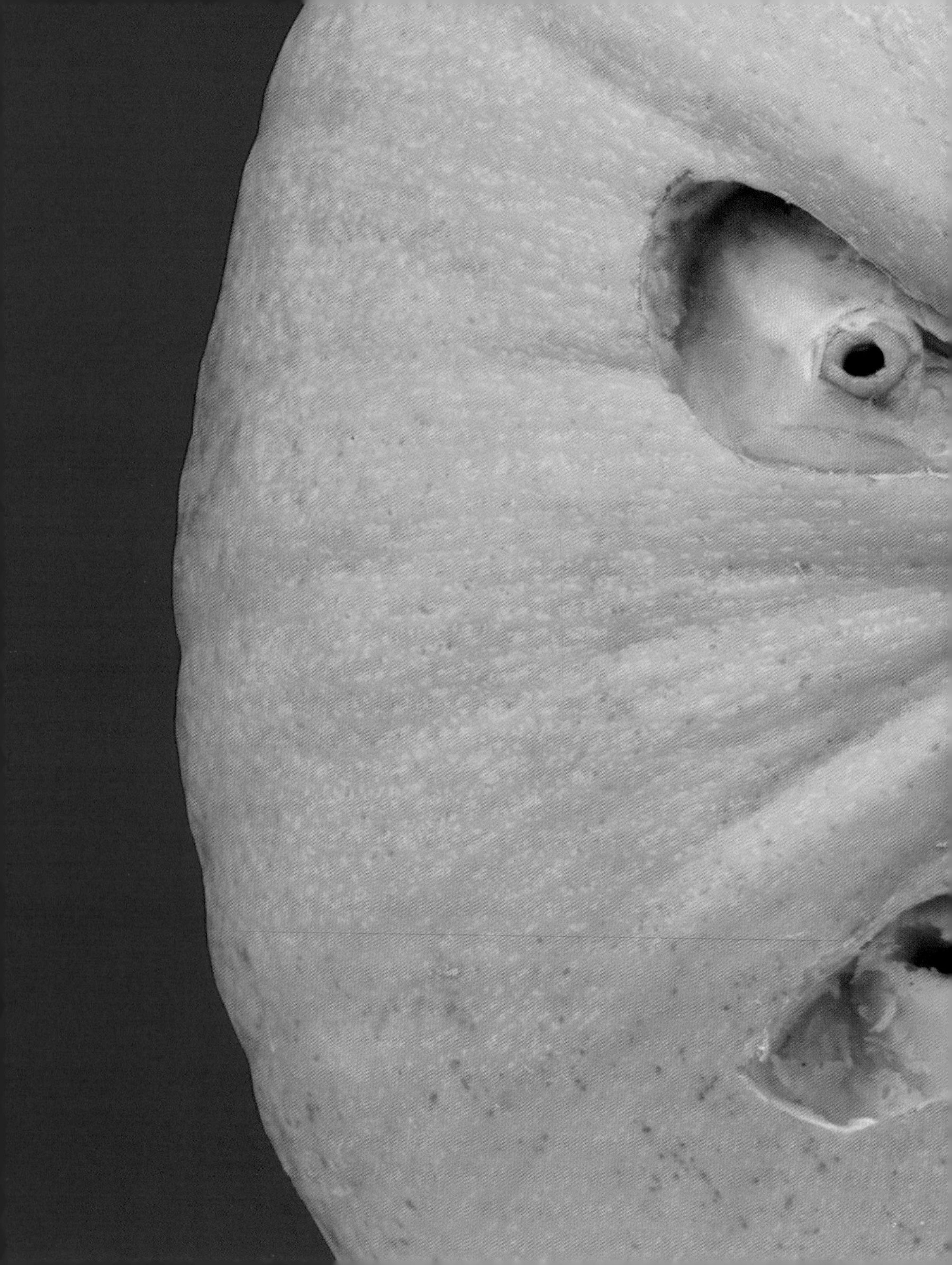

Kürbisgesichter

KÜRBISSE sind die idealen Gäste für eine spontane Party. Man muß sie vorher nicht präparieren, und trotzdem lassen sie sich wunderbar als Tischdekoration einsetzen und schmücken in herrlichen Farben und Formen jedes Zimmer.

Kein Gemüse oder Obst präsentiert sich in solcher Vielfalt, und die meisten Kürbisse kann man ohne Konservierung lange aufbewahren. Da einige Kürbissorten aber genau wie Blumen welken, sollte man für Dekorationen vorzugsweise Früchte mit harten Schalen verwenden.

Weil Farbe, Form und Größe der Kürbisse so unterschiedlich ausfallen, kann man sie ohne große Umstände mit jedem Interieur kombinieren. Kaufen Sie sich eine hübsche Auswahl der wunderbaren Früchte, und arrangieren Sie diese auf einer Schale, in einem Korb oder auf einer Anrichte, und sehen Sie selbst, welche Freude es Ihnen bereiten wird.

Man könnte den orangefarbenen Riesen- oder Gartenkürbis als den König der Kürbiswelt bezeichnen. Seine unverwechselbare Form und die kräftige Färbung verleihen ihm sein imposantes Aussehen. Deshalb finden es einige schade, daß es unvermeidbar ist, in den König der Früchte Löcher zu schneiden, wenn wir ihn

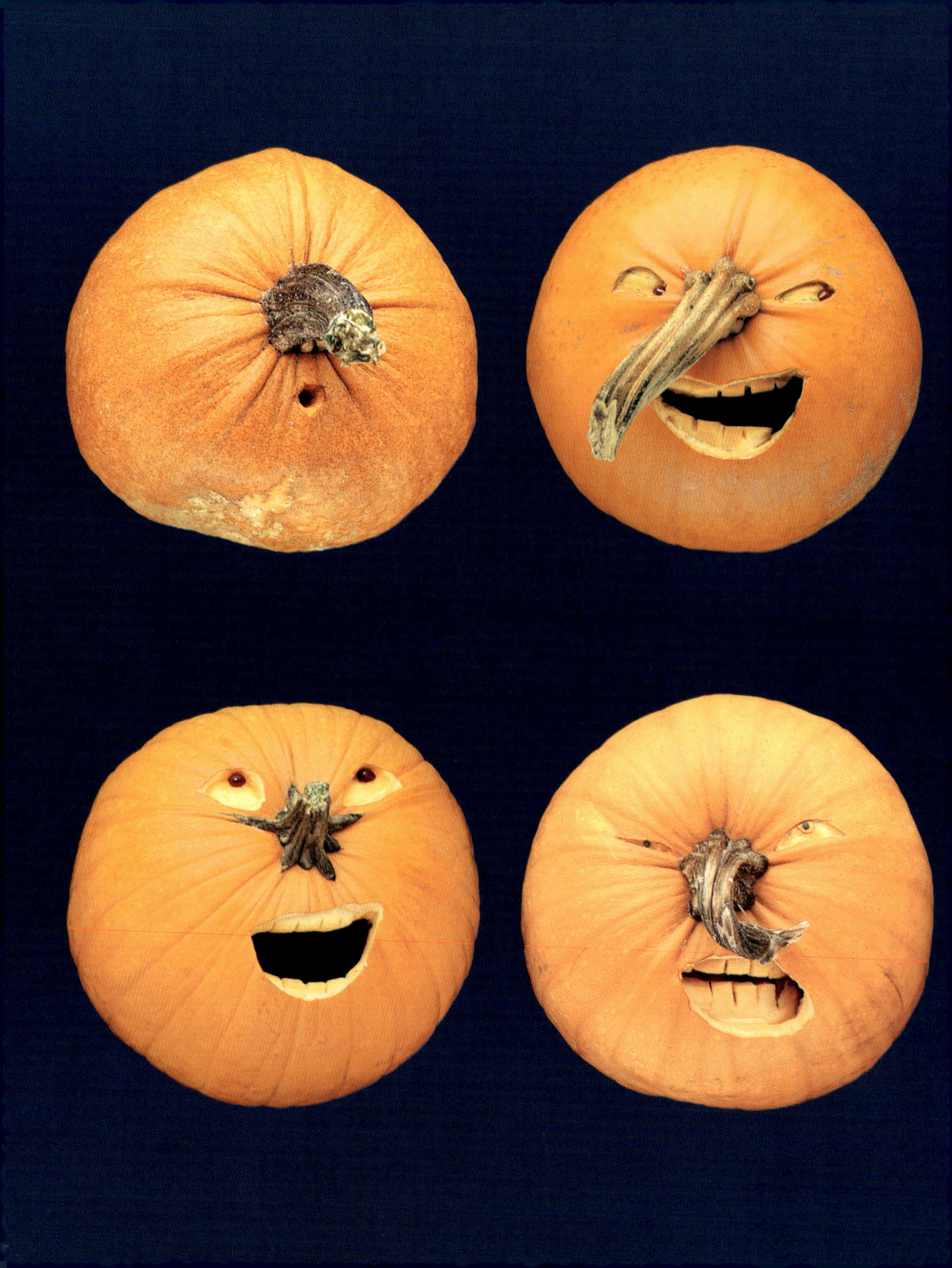

zur Laterne umfunktionieren wollen. Leuchtet er nicht schon von selbst ausreichend?

Aber die traditionelle Kürbislaterne ist eben - traditionell. Wir schneiden um den Stiel herum, höhlen den Kürbis aus, schnitzen ihm ein Gesicht und setzen den Deckel darauf, wobei der Stiel eine komische Frisur oder einen ulkigen Hut darstellt. Aber lassen Sie einen Designer ans Werk, und er wird Ihnen eine völlig neue Betrachtungsweise zeigen:

Der Mund ist ein Loch, und deshalb braucht es nicht viel, um einen Kürbismund zu entwerfen. Die Augen ruhen in zwei Höhlen, die Löchern sehr ähnlich sind; somit ist auch das ziemlich leicht. Aber wie steht´s mit der Nase? Die Nase ist kein Loch und ein Loch ist keine Nase. Es ist lediglich ein Indiz dafür, daß da etwas sein sollte.

Schließlich macht man dem Schneemann auch keine Nase, indem man ein Loch in sein Gesicht bohrt. Statt dessen nimmt man dazu eine Mohrrübe, weil ihm das Persönlichkeit verleiht.

Was dem Kopf seine Nase, ist dem Kürbis sein Stiel - warum also dann nicht den Stiel zur Nase machen? Und schon hätte man das Nasenproblem geklärt! Die Vorstellung war einfach zu verlockend, um ihr widerstehen zu können.

Der Kürbis - beliebt in jeder Küche

GENAU wie Tomaten und Kartoffeln hat sich der Kürbis als Nahrungsmittel aus der Neuen Welt überall beliebt gemacht. Praktisch jedes Land hat seine eigene Küche und damit eine eigene Zubereitungsart, angefangen beim einfachen Backen, Braten oder Rösten bis hin zu aufwendigen Gerichten. Süß oder pikant zubereitet, verträgt sich der Kürbis gut mit herzhaften Zutaten wie frischen Kräutern, würzigem Käse oder Paprika. Er ergänzt jedoch ebensogut jede Süßspeise, sofern man Obst, Nüsse oder sogar Blütenessenzen dazugibt. Ohne jeden Zweifel hat ihre vielseitige Verwendbarkeit die fleischige Frucht zu einem begehrten Gemüse in den Küchen dieser Welt gemacht.

Manchmal bestanden komplette Gastmähler aus ein und derselben Zutat, auch wenn sie in jedem Gang anders dargeboten wurde, wie z.B. in dem bekannten Kartoffel-Diner von Louis XVI. Nichts aber kann die verschiedenen Gänge so vollendet ausfüllen wie der Kürbis.

Lassen Sie uns mit einer Kürbissuppe beginnen, etwa mit der dicken, cremigen Suppe von Paul Bocuse, die in der Kürbisschale serviert wird, oder mit einer der vielen italienischen Varianten unter Zusatz von Orangensaft oder Fenchel. Für den nächsten Gang bieten sich saftige Pasteten aus Elba an oder Tortellini und Gnocchi aus Italien, vielleicht auch knackige Kroketten, wie die Holländer sie bevorzugen.

Auch als Hauptgang beweist der Kürbis eine große Vielfalt. Nehmen Sie z.B. die südamerikanische *Carbonada Criolla:* Ähnlich wie die Suppe von Bocuse wird auch dieser Eintopf in der Kürbisschale serviert. Oder probieren Sie die arabische Version, *Mderbel* genannt, die auch Lammfleisch enthält.

Die Franzosen tun sich bei allen möglichen Arten süßen und würzigen Kuchens hervor, einschließlich eines Gratins, für das der Maler Toulouse-Lautrec schwärmte; in Deutschland hingegen ist vor allem das Kürbispüree, auch Kürbisbrei genannt, beliebt.

Als Beilage eignen sich eingelegte Kürbisse sowohl aus Indien als auch aus Deutschland hervorragend oder auch Kürbissaucen.

Der süßliche Kürbisgeschmack verführt dazu, die köstlichsten Desserts und süße Leckereien zuzubereiten. Im Burgund genießt man die *Flamusse,* einen klassischen Pudding, in Persien bevorzugt man Marmeladen oder Chutney, und von Indonesien bis hin zu den westindischen Inseln liebt man den kandierten Kürbis. In Portugal wiederum werden die dünnen Fäden vom Spaghettikürbis in einem speziellen Verfahren zum *Doce de chila* kandiert: Nachdem man die fleischigen Fäden der sogenannten *Abobóra* aus dem Fruchtfleisch entfernt hat, werden diese in heißem Sirup gekocht, mit Zitronenschale gewürzt und dann getrocknet. Man verwendet sie für Pasteten, Kuchen, Puddings und insbesondere für eigelbhaltige Flans, z.B. für *Morgado* und *Toucinho do ceu.*

Wie der Kürbis an sich so sind auch die in diesem Buch aufgenommenen Rezepte ein Spiegel seiner weltweiten Beliebtheit. Soweit nicht anders angegeben, sind die Rezepte für vier Personen ausgerichtet. Als Kürbissorte wird der gewöhnliche Gartenkürbis empfohlen.

KÖSTLICHE KÜRBISREZEPTE

AUS ALLER WELT

Verzeichnis der Rezepte

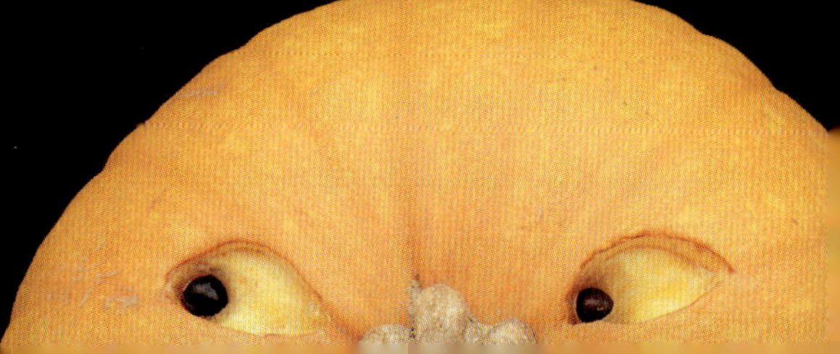

Soupe de Courge

1 Kürbis (3-4 kg)

6 bis 7 Tassen Croûtons

1 Tasse geriebener Gruyèrekäse

Salz und Pfeffer nach Geschmack

3 Liter fettarme Sahne

Soupe de Courge

Die berühmte sämige, in der Kürbisschale servierte Kürbissuppe von Paul Bocuse, Frankreich

Vom oberen Teil des Kürbisses um den Stiel herum einen Deckel herausschneiden.
Kerne und Fasern entfernen. Achten Sie darauf, daß alles Fruchtfleisch erhalten bleibt.
Abwechselnd die Croûtons und den Käse schichtweise in den Kürbis geben. Anschließend mit Salz und Pfeffer würzen, die Sahne darübergießen und mit dem Deckel gut verschließen.
Den Kürbis zwei Stunden lang bei 180 Grad C im Ofen backen.
Bevor Sie den Kürbis servieren, entfernen Sie den Deckel und rühren den Inhalt vorsichtig mit einem Löffel um, so daß sich das weichgegarte Kürbisfleisch, das sich jetzt leicht von der Schale lösen läßt, mit den anderen Zutaten zu einer schmackhaften dickflüssigen Suppe verbindet. Mit Salz und Pfeffer abschmecken.

Minestra di zucca con lenticchie

Kürbis- und Linsensuppe, Italien

Den Fenchel putzen, dabei die Stengel abschneiden und alle braunen Teile entfernen, aber die jungen grünen Blätter belassen. Die Knolle grob hacken. Die Zwiebel in einer Kasserolle ca. 10 Minuten in Öl sautieren, bis sie sich goldbraun färbt. Den Fenchel hinzufügen und weitere fünf Minuten sautieren. Die gespülten Linsen, Fenchelkörner, Wasser und Salz nach Belieben dazugeben und zum Kochen bringen. Alles 30 Minuten zugedeckt köcheln lassen. Den Kürbis hinzufügen und weitere 25 Minuten köcheln, bis der Kürbis und die Linsen gar sind. Unmittelbar vor dem Servieren die gehackten Fenchelblätter dazugeben und mit Salz und Pfeffer würzen.

Gefüllte Mini-Kürbisse

Gefüllte Mini-Kürbisse eignen sich als Beilage oder raffinierte Garnierung für jede Art von Braten, ganz gleich, ob Ente, Pute oder Wild. Zuerst entnimmt man einem großen Kürbis mit einem herkömmlichen Speiseeis-Portionierer große Kugeln von gekochtem Fruchtfleisch. Dann höhlt man diese Kürbiskugeln mit einem kleineren Löffel aus. Das überschüssige Kürbisfleisch pürieren, nach Belieben würzen und die kleinen Kugeln damit füllen.
Wenn Sie mögen, können Sie die Oberseite der Minikürbisse noch mit Käse belegen und vor dem Servieren kurz unter den Grill stellen.

Minestra di zucca con lenticchie

1 kleine Fenchelknolle
4 EL Olivenöl, extra vergine
1 Zwiebel, grob gehackt
1 Tasse gespülte Linsen
1 TL Fenchelkörner
1 Liter Wasser
225 g Kürbisfleisch (z.B. Butternut), gewürfelt
Salz und Pfeffer nach Geschmack

Gnocchi di zucca

1 kg Kürbisfleisch

1 Ei

2 EL Olivenöl

2 Tassen Mehl, gesiebt

Salz und Pfeffer

1/2 Tasse Sahne

4 EL Butter

12 Basilikumblätter

Frisch geriebener Parmesankäse

Gnocchi di zucca

Kürbisgnocchi, Italien

Schneiden Sie das Kürbisfleisch in Stücke, und dünsten Sie es etwa 10 bis 15 Minuten lang, bis der Kürbis sehr zart ist. Das Kürbisfleisch in einer Küchenmaschine pürieren und dann Ei, Öl, Mehl, Salz und Pfeffer hinzugeben. So lange verrühren, bis der Teig geschmeidig ist und nicht mehr klebt. Aus dem Teig eine etwa eineinhalb Zentimeter breite Rolle formen und diese in etwa ebenso dicke Scheiben schneiden. Danach eine Gabel mit den Zinken nach oben auf die Arbeitsplatte legen und alles kräftig mit Mehl bestreuen.
Rollen Sie nun alle Teigscheiben mit einem in Mehl getauchten Finger über die Gabelzinken, von der Spitze in Richtung Griff. Bringen Sie dann einen Topf mit Salzwasser zum Kochen, und geben Sie die Gnocchi hinein. Lassen Sie sie so lange kochen, bis sie aufgegangen sind und an der Oberfläche schwimmen (ungefähr zwei bis drei Minuten). In einer separaten Kasserolle die Sahne erhitzen und die Butter dazugeben. Sobald die Butter geschmolzen ist, die Masse sofort in eine Schüssel gießen. Die Basilikumblätter mit einer Schere unmittelbar über der Schüssel kleinschneiden und daruntermischen. Die Sauce über die abgetropften Gnocchi gießen und mit frisch geriebenem Parmesankäse servieren.

Tortelli di zucca

Nudelteigtaschen mit Kürbisfüllung, Italien

Das Mehl in eine Schüssel geben und in die Mitte eine Mulde drücken. Eine Prise Salz und die Eier in die Mulde geben und das Mehl nach und nach von den Seiten aus einrühren. Den Teig fünf Minuten lang kneten; mit einer Folie oder einem Tuch abdecken und mindestens 30 Minuten ruhen lassen. Dann nochmals drei Minuten lang kneten.
Das Kürbisfleisch auf einem gefetteten Backblech bei 180 Grad C etwa 45 Minuten lang garen, bis es zart ist, dann in einer Küchenmaschine pürieren und in eine Schüssel geben.
Die zerkrümelten Amarettokekse und die Mostarda di Cremona zusammen mit einem Löffel Sauce, dem Muskat, Zucker, Salz, Pfeffer, der Hälfte vom Parmesankäse, den Semmelbröseln und dem Grappa gut vermischen.
Den Nudelteig so dünn wie möglich auf einer mit Mehl bestreuten Arbeitsfläche ausrollen und in etwa acht Zentimeter breite Streifen schneiden; die momentan nicht benötigten Streifen abdecken.
Die Füllung mit einem Teelöffel in Abständen von etwa vier bis fünf Zentimetern in einer geraden Reihe, etwa fünf Zentimeter vor dem Rand auf dem Pastastreifen portionieren. Die Längsseiten des

Tortelli di zucca

Hausgemachter Nudelteig
(2 3/4 Tassen Mehl,
3 Eier, Prise Salz)
1 Kürbis (1 kg)
1/2 Tasse Amarettokekse, fein zerbröselt
50 g Mostarda di Cremona (Senfpickles; Spezialität aus Cremona, erhältlich in Feinkostgeschäften), fein gehackt
1/2 TL geriebene Muskatnuß
1/2 TL Zucker
Salz und frisch geriebener Pfeffer
1 Tasse Parmesankäse, frisch gerieben
1 EL Semmelbrösel
1 EL Grappa
5 EL Butter

Holländische Kürbiskroketten

1 Acorn-Kürbis (700 g)
3 EL Butter
3 Eigelb
Salz und Pfeffer
Zucker
Mehl
2 Eier
Semmelbrösel

Streifens über die Füllung schlagen und zwischen den Häufchen behutsam herunterdrücken. Jetzt mit einem Teigrädchen die Häufchen trennen, so daß quadratische Teigtaschen entstehen. Die Kanten zusammendrücken, notfalls mit etwas kaltem Wasser befeuchten.
Wasser in einen Topf geben, leicht salzen und zusammen mit einem Schuß Olivenöl zum Kochen bringen. Dann die Tortellini vorsichtig hineingeben und kochen, bis sie gar sind (je nach Dicke des Teigs ca. fünf Minuten).
Die Butter schmelzen und in eine Servierschüssel gießen. Sobald die Tortellini fertig sind, abtropfen lassen und in die Schüssel mit der Butter geben. Den Rest vom geriebenen Parmesankäse darüberstreuen und sofort servieren.

Holländische Kürbiskroketten

Den Kürbis halbieren und die Hälften mit der Schnittfläche nach unten auf ein gefettetes Backblech legen. Im Backofen bei 180 Grad C backen, bis die Hälften fast gar sind (etwa 45 Minuten).
Das Fruchtfleisch herauslöffeln und in einer Küchenmaschine pürieren. Das Püree mit der Butter und dem Eigelb mixen und mit Pfeffer, Salz und Zucker abschmecken. Unter ständigem Rühren in einer

Pfanne erhitzen, bis es eindickt. Achten Sie darauf, daß es nicht anbrennt. Anschließend auf ein Backblech gießen, abkühlen und fest werden lassen. Arbeitsfläche und Hände mit Mehl bestreuen und aus der Masse kleine Pasteten oder Kroketten formen, etwa zwei bis drei Zentimeter dick und fünf Zentimeter im Durchmesser. Zwei Stunden an einen kühlen Platz stellen, damit sie fest werden. Dann zuerst in den geschlagenen Eiern und anschließend in den Böseln wälzen.
Die Kroketten bei 180 Grad C etwa vier Minuten lang fritieren, bis sie goldbraun sind, und sofort servieren.
Eine delikate Beilage zu Wild oder Geflügel, aber auch gut als kleiner Snack zwischendurch!

Gebratener Kürbis

Nichts ist einfacher, als einen Kürbis zu braten, z.B. zusammen mit einem Stück Rind-, Kalb- oder Schweinefleisch.
Kürbisschnitze mitsamt der Schale in ca. vier Zentimeter große Stücke schneiden, dabei die Kerne und Fasern entfernen. Die Stücke würzen und entweder in das Fett um den Braten herum legen oder in einer separaten Pfanne in Öl anbraten. Ein fester Kürbis braucht etwa eine Stunde bei der üblichen Brat-

Griechische Kürbiskrapfen

1 Kürbis (1-1 1/2 kg)

1 1/3 Tassen Mehl

1 TL Backpulver

1 Ei

1 EL Olivenöl

2/3 Tasse kaltes Wasser

1 EL Ouzo oder Pastis

1/4 TL zerkleinertes Lorbeerblatt

1/4 TL getrockneter Oregano

Carbonada Criolla

1 großer Kürbis (für die Kürbisschüssel)

Zerlassene Butter / Zucker

2 große Zwiebeln, gehackt

4 große Knoblauchzehen, gehackt

Olivenöl

temperatur von 180 Grad C. Zusammen mit Rindfleisch, das stärker gebraten wird, dürften 45 Minuten ausreichen. Die Stücke gelegentlich wenden.

Gebackener Kürbis

Gebackene Kürbisse sind schnell fertig und schmecken lecker. Man schneidet einfach Scheiben aus einem ganzen Kürbis heraus, entfernt Schale, Kerne und Fasern und wälzt die Scheiben in mit Salz und Pfeffer gewürztem Mehl. Danach behutsam in Butter ausbacken, bis die Scheiben goldbraun sind.
Die russische Variante geht folgendermaßen:
Den Kürbis schälen, in Scheiben schneiden und in Butter anbraten. Die gebratenen Kürbisscheiben herausnehmen und beiseite stellen. Einen Teelöffel Mehl in etwas Butter bräunen, eine Tasse saure Sahne dazugeben und zum Kochen bringen. Die Sauce über den Kürbis gießen und servieren.

Griechische Kürbiskrapfen

Die Zutaten in der angegebenen Reihenfolge in eine Schüssel geben und gut mischen. Wenn die

Masse zu dick ist, noch etwas Wasser hinzugeben. Gut verrühren. Den Kürbis in ca. ein Zentimeter dicke Scheiben schneiden; Schale und Kerne entfernen. Die Scheiben in der Masse wälzen und in einer Pfanne mit reichlich Olivenöl anbraten.

Carbonada Criolla

Herzhafter Kürbiseintopf im Kürbis serviert, Argentinien

Den oberen Teil vom Kürbis mitsamt dem Stiel abschneiden, den Stiel als Deckelgriff belassen. Kerne und Fasern entfernen und das feste Fleisch so herauskratzen, daß eine robuste, unbeschädigte Kürbishülle übrigbleibt. Für den Eintopf ein Kilo Kürbisfleisch auswiegen.
Die Innenseite mit zerlassener Butter bepinseln und mit etwas Zucker bestreuen.
Den Deckel wieder draufsetzen und den Kürbis auf ein Backblech beiseite stellen. Zwiebeln und Knoblauchzehen in etwas Öl erhitzen, bis sie weich, aber noch nicht braun sind, und in eine große Saucenpfanne geben. Das Rindfleisch im Öl bräunen und dem Zwiebelgemisch in der Pfanne beifügen.
Die Tomaten zusammen mit dem Tomatenmark, der Hälfte der Fleischbrühe, dem Bouquet garni,

Carbonada Criolla (Fortsetzung)

1 1/2 kg Tafelspitz, gewürfelt
1/2 kg Tomaten, geschält und gehackt
1 EL Tomatenmark
1 3/4 Liter Rindfleischbrühe
1 Bouquet garni
1 gehäufter TL getrockneter Oregano
Salz und Pfeffer
1 kg Süßkartoffeln, geschält und gewürfelt
1 kg Kartoffeln, geschält und gewürfelt
1 kg Kürbisfleisch, in Stücke geschnitten
2 Dosen süßer Mais
12 Pfirsichhälften aus der Dose, in Scheiben geschnitten
Sirup der eingemachten Pfirsiche

Mderbel

1/2 kg Lammfleisch in 5 Stücken
1 Lauchstange, in 5 Stücke geschnitten
2 TL Salz
1 TL gemahlener Ingwer
1 TL Safran
Wasser
2 Tassen Olivenöl
1/2 kg Kürbisfleisch, in dünne Scheiben geschnitten
2 TL gemahlener Zimt
2 EL Zucker

etwas Salz und viel Pfeffer zu dem Fleisch und den Zwiebeln geben.
Zudecken und etwa eine Stunde köcheln lassen, bis das Fleisch fast gar ist.
Jetzt den ausgehöhlten Kürbis in den auf 180 Grad C erhitzten Ofen schieben. 30 Minuten backen - bei dicker Schale entsprechend länger. Darauf achten, daß der Kürbis nicht zusammensackt; wenn nötig, eine Kasserolle als Stützwand benutzen.
Die Süßkartoffeln, die Kartoffeln und das Kürbisfleisch in die Saucenpfanne geben und mit der restlichen Fleischbrühe bedecken. Wieder zum Kochen bringen und 20-30 Minuten köcheln lassen, bis das Fleisch zart ist, die Kartoffeln weich sind und die Brühe mit dem zerfallenen Fruchtfleisch anfängt einzudicken.
Den süßen Mais und die Pfirsiche unterrühren und weitere 15 Minuten köcheln lassen. Abschmecken, eventuell nachwürzen und etwas von dem Pfirsichsirup dazugeben. Das Bouquet garni herausnehmen.
Den Eintopf in den Kürbis gießen und vor dem Servieren noch einmal 10-15 Minuten in den Ofen schieben.

Mderbel

Lammeintopf mit Kürbis, Mittlerer Osten

Lammfleisch, Lauch, Salz, Ingwer und Safranpulver in eine Kasserolle geben und mischen, mit Wasser bedecken und die Hälfte des Olivenöls dazugießen. Die Kasserolle zudecken und etwa zwei Stunden lang köcheln lassen, bis das Fleisch zart ist. Das restliche Olivenöl in einer schweren Pfanne oder Kasserolle erhitzen. Die Kürbisscheiben 45 Minuten lang vorsichtig braten, bis sie beidseitig goldbraun sind. Den Kürbis pürieren und mit Zimt und Zucker gut verrühren.
Das Lammfleisch auf die Teller verteilen. Den Sud mit dem Kürbisbrei vermischen und über das Lammfleisch geben.

Französische Kürbissauce

1 Kürbis (550 g)
1 kleine Schalotte
1 1/2 EL ungesalzene Butter
1 TL Currypulver
1 Prise Salz
Frisch gemahlener Pfeffer
1/2 Tasse Weißwein
1 EL weißer Portwein (ersatzweise Sherry, halbtrocken)
1 Tasse Gemüsebrühe
1/2 Tasse flüssige Sahne (35-40 Prozent Fett)
1 EL Schlagsahne

Französische Kürbissauce

Den Kürbis aufschneiden, Schale, Kerne und Fasern entfernen und das Fleisch würfeln. Die Schalotte hacken und in der Butter so lange sautieren, bis sie glasig wird. Dann das Kürbisfleisch hinzufügen und mit Curry, Salz und Pfeffer abschmecken.
Die Hitze eventuell reduzieren, damit der Curry nicht anbrennt.

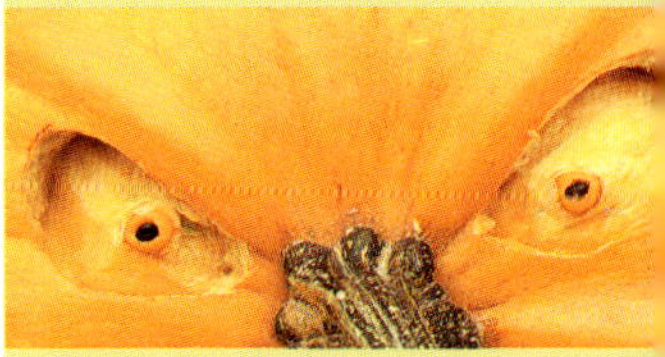

Kürbisbrei mit Äpfeln

1 Kürbis (1 kg)

60 g Speck

1 gehäufter EL Butter

1 1/2 Tassen gehackte Zwiebeln

350 g Äpfel

Saft und abgeriebene Schale einer Zitrone

Salz und Zucker

Den Weißwein, den Portwein und die Brühe dazugeben. Die Hälfte der Flüssigkeit abgießen und die Sahne einrühren. Etwa 45 Minuten lang kochen lassen, bis der Kürbis zart ist. Pürieren und durch ein Sieb passieren. Mischen Sie unmittelbar vor dem Servieren die Schlagsahne unter.

Kürbisbrei mit Äpfeln

Deutschland

Den Kürbis schälen, entkernen und würfeln.
Den Speck in Stücke schneiden und in einer großen Pfanne leicht in Butter anbraten. Die Zwiebel hinzufügen und beides etwas bräunen lassen. Den Kürbis dazugeben und mit Wasser auffüllen. Gut abdecken und 10-15 Minuten köcheln, bis der Kürbis zerfällt. Die geschälten, entkernten und in Stücke geschnittenen Äpfel, einen kräftigen Schuß Zitronensaft und einen Teelöffel geriebene Zitronenschale hinzufügen. Mit ein bißchen Salz und etwas Zucker würzen, gerade so viel, daß sich das Aroma entfaltet.
Ohne Deckel bei niedriger Temperatur köcheln lassen, so daß die Apfelstücke zerfallen und die Säfte verdampfen. Überschüssige Flüssigkeit abgießen und nochmals mit etwas Zitronensaft und Salz abschmecken.

Gratin de Potiron

Toulouse-Lautrecs Kürbisgratin, Frankreich

Den Kürbis schälen, Fasern und Kerne entfernen. Zerkleinern Sie den Kürbis, und schneiden Sie ihn in dünne Scheiben, etwa einen halben Zentimeter dick und fünf Zentimeter im Durchmesser.
Die Scheiben in Mehl wälzen und in Öl anbraten, bis sie goldfarben, aber noch nicht braun sind. Das Öl gut abtropfen lassen. In einer anderen Pfanne die Zwiebeln behutsam in etwas Öl anbraten, bis sie weich, aber nicht gebräunt sind. Die Tomaten dazugeben und, sobald der Saft austritt, die Hitze erhöhen. Mit Salz, Pfeffer und etwas Zucker würzen.
Die Kürbisscheiben und die Zwiebel-Tomaten-Mischung abwechselnd in eine Auflaufform schichten und noch etwas nachwürzen. Mit einer Schicht Kürbisscheiben abschließen und das Gratin gleichmäßig mit den Semmelbröseln bedecken. Über die Brösel die zerlassene Butter träufeln.
Bei 180 Grad C etwa 45 Minuten lang backen, bis sich am Rand Blasen bilden. Zum Schluß noch kurz unter den Grill stellen.

Gratin de Potiron

1 Kürbis (900 g)

Mehl, mit etwas Salz und Pfeffer vermischt

Öl

1/2 kg Zwiebel, gewürfelt

225 g geschälte Tomaten (auch aus der Dose)

Salz und Pfeffer

Zucker

Frische Semmelbrösel nach Bedarf, je nach Größe der Auflaufform

2 EL Butter oder mehr, je nach Größe der Auflaufform

Gebackenes Kürbispüree

675 g Kürbisfleisch,
in Stücken

225 g Kartoffeln,
geschält und gewürfelt

2 Eier

6 EL Butter

1 Tasse geriebener
Gruyèrekäse

1 Tasse geriebener
Parmesankäse

Salz und Pfeffer

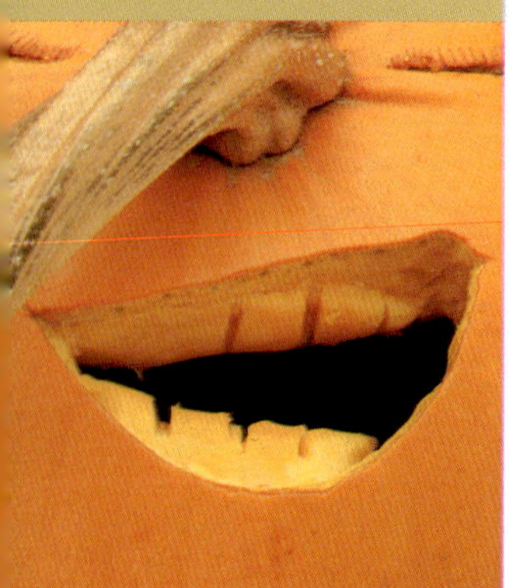

Gebackenes Kürbispüree

Kürbisfleisch und Kartoffeln in Salzwasser kochen, bis sie weich sind.
Gut abtropfen lassen und anschließend pürieren.
Die Eier verquirlen und zusammen mit vier Eßlöffel Butter in das Gemüse rühren. Die beiden Käsesorten mischen und etwa die Hälfte davon ebenfalls in das Püree geben. Nach Geschmack mit Salz, schwarzem Pfeffer und eventuell noch etwas Käse würzen.
Die Masse in eine gefettete Auflaufform geben und mit dem restlichen Käse bestreuen. Die Butter zerlassen und möglichst gleichmäßig über das Püree träufeln. Bei 180 Grad C backen, bis das Püree gebräunt ist und an den Rändern Blasen schlägt.

Torta di zucca

Herzhafte Kürbispastete, Italien

Den Kürbis halbieren, Kerne entfernen und mit den Schnittflächen nach unten auf einem gefetteten Backblech bei 180 Grad C ca. eine Stunde lang backen. Sobald der Kürbis weich ist, das Fruchtfleisch durch einen Fleischwolf oder eine Kartoffelpresse drücken.
Die Butter in einer großen Pfanne zerlassen. Salbei und Knoblauch hinzugeben und behutsam sautieren, ohne daß sich beides färbt. Den Kürbis dazugeben, die Hitze reduzieren und weitere 15 Minuten unter ständigem Rühren köcheln. In eine Schüssel umgießen und gut auskühlen lassen. Salbei und Knoblauch aus der Schüssel entfernen.
Den Ofen auf 190 Grad C vorheizen.
Eine 25 Zentimeter große Auflaufform gut mit Butter einfetten und mit den Semmelbröseln bestreuen. Den Ricotta zum erkalteten Kürbis geben und gleichmäßig verrühren. Parmesan, Eier, Salz und Pfeffer sowie Muskat nach Geschmack hinzufügen und alles gut durchmischen. Die Masse in die vorbereitete Pfanne umfüllen und 70 Minuten lang backen, bis die Oberfläche goldbraun und fest ist. Vor dem Servieren einige Minuten stehen lassen und mit den Salbeiblättern garnieren.

Torta di zucca

1 Kürbis, z.B. Butternut (900 g)
4 EL ungesalzene Butter
4 große, frische Salbeiblätter
2 große Knoblauchzehen, geschält
2 Tassen Ricotta, abgetropft
1/2 Tasse frisch geriebener Parmesankäse
4 große Eier
Salz und Pfeffer
Muskat
2 EL süße Butter
Semmelbrösel

Tarte de Potiron aux Pruneaux

Kürbispastete mit Pflaumen, Frankreich

Tarte de Potiron aux Pruneaux
200 g pâte brisée (gesüßter Mürbeteig)
2 1/4 Tassen Vollmilch
1/2 Vanilleschote
1 Zimtstange
400 g Kürbisfleisch, gewürfelt
1 Tasse Rohrzucker
120 g Butter
1/2 Tasse Crème fraîche
4 Eigelb
150 g Pflaumen, entsteint

Legen Sie eine Auflaufform mit dem Mürbeteig aus, und decken Sie ihn mit Pergamentpapier ab. Das Ganze mit den Pflaumenkernen oder getrockneten Bohnen beschweren. Im vorgeheizten Ofen etwa 10 Minuten lang backen, dann Kerne bzw. Bohnen und Papier entfernen. Die Milch zum Kochen bringen, die Vanilleschote und Zimtstange für einige Minuten dazugeben und danach wieder herausnehmen. Das gewürfelte Kürbisfleisch und eine halbe Tasse Zucker hineingeben und 15 Minuten lang kochen. Butter, Crème fraîche und Eigelb hinzufügen und pürieren. Das Püree durch ein feines Sieb pressen, um die Kürbisfasern zu entfernen. Die Masse in die Auflaufform füllen und die Pflaumen hineindrücken. Die Oberfläche mit dem restlichen Zucker bestreuen. 30 Minuten lang bei 200 Grad C backen und zum Schluß kurz unter den Grill stellen, damit der Überzug karamelisiert. Warm servieren.

Traditionelle amerikanische Kürbispie

Eine Auflaufform mit dem Pastetenteig auskleiden und in den Kühlschrank stellen.
In der Zwischenzeit das Kürbisfleisch mit den Gewürzen in einer Küchenmaschine mixen.
Anschließend Milch, Eier, Sahne und Weinbrand unterrühren. Die Füllung auf den noch nicht gebackenen Teig geben und im vorgewärmten Ofen bei 160 Grad C eine Stunde lang backen, so daß nichts kleben bleibt, wenn man mit einem Messer in die Mitte sticht und es wieder herauszieht.
Abkühlen lassen. Nach Wunsch mit Cheddarkäse oder Schlagsahne (vermischt mit kandiertem Ingwer) servieren.

Traditionelle amerikanische Kürbispie

Pastetenteig
(aus 2 Tassen Mehl,
1 TL Salz,
150 g Butter,
5-6 TL Wasser)
2 Tassen gekochtes Kürbisfleisch
2/3 Tasse brauner Zucker
2 TL Zimt
1/2 TL gemahlener Ingwer
1/2 TL Salz
3/4 Tasse Milch
2 Eier, gut verquirlt
1 Tasse Crème double
1/4 Tasse Weinbrand

Flamusse

750 g Kürbisfleisch, gewürfelt

2 Tassen Crème fraîche

4 Eier

1/2 Tasse Zucker

1 Prise Salz

3/4 Tasse Mehl, gesiebt

125 g Butter

Süßsaurer Kürbis

1 Kürbis (2 1/2 kg)

6 1/2 Tassen Zucker

1 Tasse Wasser

1 Tasse Weißweinessig

1 frische Ingwerknolle, in Scheiben

6 Gewürznelken, ganz

Flamusse

Burgundischer Kürbisflan, Frankreich

Die Kürbiswürfel zusammen mit zwei Eßlöffel Wasser in eine Kasserolle geben und zugedeckt sieben bis acht Minuten lang köcheln lassen. Den Deckel abnehmen und unter häufigem Rühren weiterkochen, bis das Kürbisfleisch zerfällt.
Das Kürbisfleisch abtropfen und abkühlen lassen, dann durch ein engmaschiges Sieb pressen. In einer Rührschüssel Eier, Zucker und Salz verquirlen, bis die Masse weiß und schaumig wird. Das gesiebte Mehl nach und nach untermengen; danach die Crème fraîche hinzugeben.
Den Backofen auf 180 Grad C vorwärmen. Eine große Auflaufform oder kleine Souffléförmchen einfetten. Die restliche Butter zerlassen, in den Eierschaum gießen und zusammen in das Püree geben. Die Mischung in die Auflaufform oder die kleinen Souffléformen umfüllen und etwa 30 Minuten lang backen.
Mit dem Messer am Rand des Flans entlangschneiden, damit er sich löst, wenn man ihn kräftig schüttelt. Falls er sich nicht löst, nochmals für ein paar Minuten in den Ofen zurückstellen.

Süßsaurer Kürbis

Eingelegter Kürbis, Deutschland

Den Kürbis schälen und in Scheiben schneiden. Kerne und Fasern entfernen. Das Fruchtfleisch würfeln und über Nacht in eine Marinade aus Wasser und Weißweinessig einlegen. Die Marinade (ohne Fruchtfleisch) mit Zucker, Ingwer und Nelken zum Kochen bringen. Das abgetropfte Fruchtfleisch dazugeben, die Hitze reduzieren und das Kürbisfleisch so lange köcheln, bis es glasig wird. Den Kürbis mit einem Schaumlöffel in die vorher mit kochend heißem Wasser ausgespülten Einmachgläser füllen. Die restliche Flüssigkeit einkochen lassen, bis eine Art Sirup entsteht, mit dem die Gläser aufgefüllt werden. Kühl lagern.

Kaddu ka Achaar

Eingelegter Kürbis, Indien

Den Kürbis waschen und abtrocknen. Mitsamt der Schale in lange, dünne Scheiben schneiden. Vorhandene Kerne und Fasern entfernen. In Wasser aufkochen und abtropfen lassen. An einen kühlen Platz zum Trocknen stellen. Sämtliche Gewürze, vom

Kaddu ka Achaar

1 nicht ganz reifer Sommerkürbis (450 g)

Je 1 TL weißer Kreuzkümmel, Carom (Ajowan), Koriander und Bockshornklee

1/4 TL Turmericpulver

2 EL Mangopulver (Amchoor)

8 schwarze Pfefferkörner

1 TL Garam masala

Meersalz nach Geschmack

2 EL Zitronensaft

1/2 Tasse Senföl (aus Senfsamen gepreßt, erhältlich in indischen Spezialitätengeschäften)

Bal Kabagi Tatlisi

900 g Kürbisfleisch

2/3 Tasse Zucker

2 EL Wasser

2 Gewürznelken

1 Tasse gehackte Walnüsse

Kreuzkümmel bis zum Salz, in einer Pfanne zwei bis drei Minuten lang rösten. Alles zerstoßen und mit dem Zitronensaft zu einer Paste verarbeiten. Die Kürbisscheiben mit der Paste bepinseln und in einen sauberen, trockenen Glaskrug mit Deckel legen. Das Öl erhitzen, abkühlen lassen und über die Kürbisscheiben gießen. Den Glaskrug zudecken und drei bis vier Tage nach draußen in die Sonne stellen (nachts hereinnehmen). Mindestens einmal täglich durchschütteln.
Falls Sie Carom nicht finden sollten, läßt es sich auch durch Thymian ersetzen. Die meisten Zutaten sind jedoch in indischen Läden erhältlich.

Bal Kabagi Tatlisi

Kürbisdessert, Mittlerer Osten

Das Kürbisfleisch in zwei bis drei Zentimeter große Würfel schneiden und in eine flache Pfanne legen. Mit Zucker bestreuen, Wasser und Nelken dazugeben und abdecken. Bei sehr niedriger Hitze etwa 30 Minuten lang garen. In der Pfanne abkühlen lassen. Anschließend in eine Schale geben und mit den Walnüssen garnieren.

Kolak Labu

Kürbis in sahniger Kokosnuß, Indonesien

Den Kürbis schälen, Kerne und Fasern entfernen. Das Fruchtfleisch würfeln und mit zwei Tassen Wasser fünf Minuten lang kochen. Abtropfen lassen. In einer Kasserolle die Kokosmilch mit einer Prise Salz und dem braunen Zucker köcheln; häufig umrühren und darauf achten, daß die Kokosmilch nicht ganz zum Kochen kommt. Sobald der Zucker zergangen ist, den gewürfelten Kürbis dazugeben und etwa fünf bis acht Minuten lang köcheln lassen, bis er gar ist. Heiß servieren. Dieses Gericht kann gut im voraus zubereitet und vor dem Servieren vorsichtig wieder aufgewärmt werden.

Persische Kürbismarmelade

Alle Zutaten in eine Kasserolle geben und vorsichtig erhitzen, bis sich der Zucker aufgelöst hat. Anschließend zum Kochen bringen. Dann die Hitze zurücknehmen und 25-30 Minuten lang köcheln, bis die Masse eindickt. In einen warmen, zuvor mit kochend heißem Wasser ausgespülten Krug gießen, abkühlen lassen und zugedeckt aufbewahren.

Kolak Labu

1 Kürbis (450 g)

2 Tassen dickflüssige Kokosmilch

1/3 Tasse brauner Zucker

1 Prise Salz

2 Tassen Wasser

Persische Kürbismarmelade

225 g fein geraspeltes Kürbisfleisch oder Kürbispulpe (in der Küchenmaschine zerkleinert)

1 Tasse Zucker

2 EL Rosenwasser

Fein geriebene Schale und Saft einer großen Zitrone

1 TL gemahlener Zimt

Das Kürbis-Glossar

Varietäten von Pumpkin, Squash und Gourd

Acorn: Kleiner eichelförmiger Winterkürbis, ein halbes bis ein Kilo schwer und 10 bis 20 Zentimeter groß. Seine Farben reichen von grün oder blaugrün bis hin zu weißlich-gelb oder orange. Die Schale ist glatt und gerieft, das Fleisch orangefarben. Er läßt sich gut im Ofen backen.

Buttercup: Eine Varietät des Türkenturban. Am Blütenansatz wächst ein kleiner Fruchtknoten; Durchmesser zwischen 10 und 20 Zentimeter; Gewicht von einem halben bis einem Kilo. Sein festes aromatisches Fleisch ist gelblich-orange und eignet sich besonders gut für Füllungen, Kuchen oder Puddings.

Butternut: Birnenförmiger Winterkürbis, blaßorange oder beigefarben, der sich für jede Art von Zubereitung eignet. Ungefähr ein bis eineinhalb Kilo schwer und 10 bis 15 Zentimeter lang.

Chayote: Er gehört zu den kleineren, weichschaligen Kürbisarten. Seine Farbe ist weißlich bis grün. Die Haut kann glatt, stachlig oder warzig sein und wird meistens geschält. Chayote haben nur einen

Kern, der von jungen Früchten schmeckt geröstet sehr gut. Der Chayote ist besonders in der mittel- und südamerikanischen Küche beliebt und läßt sich aufgrund seines milden, süßen Geschmacks gut für Desserts verwenden.

Courgette: Siehe Zucchini

Gourd: Flaschenkürbis, der als krummhalsiger und geradhalsiger Kürbis auf dem Markt ist. Beide lassen sich verwenden wie Zucchini.

Hubbard: Großer, graublau getönter Winterkürbis, dessen verschiedene Sorten sehr unterschiedlich in Größe und Farbe sind; sein Gewicht kann bis zu 20 Kilo betragen.

Kalebasse: Spanischer Oberbegriff für Kürbis (calabaza). Sein festes, aromatisches Fleisch gehört zu den Grundnahrungsmitteln in Mittel- und Südamerika.

Patisson: siehe Pattypan

Pattypan: Kleiner, weichschaliger, muschel- bis blumenförmiger Kürbis, der in seiner Farbe von gelblich-weiß bis grün variiert. Man nennt ihn auch Squash oder Patisson. Er läßt sich wie die Zucchini mit Schale verwenden und ist von zartem Geschmack; Größe 10 bis 15 Zentimeter; Gewicht 250 bis 500 Gramm.

Pumpkin: Bei uns als Garten- oder Riesenkürbis und klassischer Winterkürbis bekannt; berühmt durch seinen Einsatz zu Halloween (Abend vor Allerheiligen) und als Cinderellas Kutsche. Er kann nur ein paar Pfund oder über 50 Kilo schwer sein, und seine Farbe, innen wie außen, ist normalerweise dunkelorange, kann aber auch heller bis hin zu weiß sein. (Auch Gelber Zentner genannt.)

Spaghettikürbis: Gelber, länglicher Kürbis. Der Name ist abgeleitet von den spaghettiähnlichen Fasern, in die das Fleisch nach dem Kochen zerfällt und die man wie Spaghetti mit Tomatensauce, geriebenem Käse oder zerlassener Butter ißt.

Squash: Amerikanisch-indianische Bezeichnung für Kürbis. In Amerika auch Sammelbezeichnung für alle weichschaligen Sorten.

Türkenturban: In allen Größen und Farben erhältlich. Die Früchte gleichen einem türkischen Turban; sie sehen fast zu schön aus, um sie zu verspeisen, und werden daher auch gern wegen ihrer langen Haltbarkeit für Dekorationen verwendet. Ihr Fleisch ist herrlich zart und aromatisch. Aufgrund seiner Form eignet sich der Türkenturban besonders gut zum Füllen.

Wachskürbis: Großer, eierförmiger bis länglicher Kürbis mit einer grünen bis blau-grünen Färbung, die unter einem weißlichen Wachsüberzug durchschimmert. Reife Wachskürbisse schmecken leicht bitter und müssen in jedem Fall geschält werden. Am schmackhaftesten sind jedoch die halbreifen Wachskürbisse.

Zucchini: Diese Varietät, auch Courgette genannt, läßt sich aus unserem Speiseplan kaum mehr wegdenken. Am besten schmecken die kleinen, festen gurkenähnlichen Zucchini. Sie haben eine grüne oder auch gelbe Schale. Ihr zartes, schmackhaftes Fleisch paßt sich jeder Geschmacksrichtung an und läßt sich wunderbar dämpfen, dünsten, braten, grillen oder auch fritieren.

Tips und Tricks

Auch wenn das Kerngehäuse aus dem Kürbis entfernt wurde, kann das restliche Fruchtfleisch noch zähe und lange Fasern enthalten. Pürieren Sie daher das gekochte Kürbisfleisch mit einem elektrischen Mixer: Die Fasern wickeln sich um den Stab und können so leicht entfernt werden.

Wenn Sie einen Kürbis schon frühzeitig für Halloween präparieren wollen, dann besprühen Sie ihn innen und außen mit etwas Franzbranntwein oder einem Desinfektionsmittel, um etwa vorhandene Keime abzutöten. Ihr Kürbis wird viel länger frisch bleiben. Achtung! Offenes Feuer erst benutzen, wenn die Flüssigkeit verdampft ist.

Wenn Sie eine Kürbissuppe zubereiten, dann lassen Sie den gekochten Kürbis erst vollständig abtropfen, bevor Sie weitermachen;

der Sud würde den Geschmack des gekochten Kürbisfleischs beeinträchtigen. Das ist besonders wichtig bei Gratins, da Ihr Gericht sonst im Kochwasser ertrinken würde.

Die beste Methode, Kürbisse zuzubereiten, ist nicht kochen, sondern grillen, backen oder dämpfen. Beim Kochen wird der Geschmack sehr leicht verwässert. Die zweckmäßigste Art der Zubereitung ist, den Kürbis zu halbieren und mit der Schnittfläche nach unten auf ein leicht gefettetes Backblech zu legen. Im Ofen backen, bis er zart ist (je nach Größe zwischen 30 und 90 Minuten bei 180 Grad C). Eine Weile abkühlen lassen, dann die Hälften umdrehen und Fasern und Körner mit einem Löffel herauskratzen. Jetzt können Sie das zarte Fleisch nach Belieben zubereiten, z.B. die Hälften in große Scheiben schneiden und grillen oder das Fleisch auslöffeln und zu Püree verarbeiten.

Um aus einem Kürbis eine Suppenschüssel zu machen, schneiden Sie am oberen Kürbisteil um den Stiel herum, so daß ein Deckel mit Griff entsteht. Kratzen Sie die Kerne und Fasern mit einem Löffel aus der Mitte des Kürbisses heraus, und füllen Sie dafür Croûtons, geriebenen Käse und Sahne hinein (siehe Rezept auf Seite 54). Bei 180 Grad C mindestens zwei Stunden oder länger (je nach Größe) im Ofen garen, bis sich das Fruchtfleisch leicht mit einem Löffel lösen läßt. Sie können aber auch das Fruchtfleisch aus dem rohen Kürbis herauskratzen, davon eine Suppe machen und diese dann zurück in den ausgehöhlten Kürbis gießen.

Werfen Sie die Kerne, die Sie aus dem Kürbis herausgekratzt haben, nicht weg! Spülen Sie diese mit Wasser ab, entfernen Sie die Fasern und lassen Sie sie abtrocknen. Geschält und gesalzen ergeben die Kerne einen gesunden und nahrhaften Snack: auf einer Zeitung locker auslegen und mindestens sechs Stunden trocknen lassen. Schälen und dann die Kerne mit etwas Speiseöl beträufeln und auf einem Backblech ausbreiten.
Im Ofen ca. 30 Minuten lang bei 180 Grad C backen, bis sie goldbraun sind, dabei alle fünf bis zehn Minuten durchrühren, damit sie gleichmäßig bräunen. Nach Geschmack salzen und pfeffern, abkühlen lassen und in geschlossenen Gefäßen aufbewahren.

Ein Kürbis ist sehr fest und läßt sich oft nur schwer zerschneiden. Seine schwache Stelle ist dort, wo der Stiel sitzt. Schneiden Sie zuerst den Stiel ab, dann kerben Sie den Kürbis dort ein und schneiden seitlich nach unten.

Um leichter schneiden zu können, stechen Sie den Kürbis an ein paar Stellen an und erhitzen ihn dann stark für ein bis zwei Minuten in der Mikrowelle. (Wenn man die Schale an einigen Stellen ansticht, vermeidet man, daß der Kürbis platzt oder sogar explodiert. Das gilt auch für andere Schalenfrüchte.)